Leonel Antonio Mendieta Fonseca
Laura Leticia López Ticay
Katerine Dayana Selva Peña

Las TIC en la educación

Leonel Antonio Mendieta Fonseca
Laura Leticia López Ticay
Katerine Dayana Selva Peña

Las TIC en la educación

Propuesta didáctica para mejorar el aprendizaje de operaciones combinadas con OpeCombi en séptimo grado

Editorial Académica Española

Imprint

Any brand names and product names mentioned in this book are subject to trademark, brand or patent protection and are trademarks or registered trademarks of their respective holders. The use of brand names, product names, common names, trade names, product descriptions etc. even without a particular marking in this work is in no way to be construed to mean that such names may be regarded as unrestricted in respect of trademark and brand protection legislation and could thus be used by anyone.

Cover image: www.ingimage.com

Publisher:
Editorial Académica Española
is a trademark of
Dodo Books Indian Ocean Ltd. and OmniScriptum S.R.L publishing group

120 High Road, East Finchley, London, N2 9ED, United Kingdom
Str. Armeneasca 28/1, office 1, Chisinau MD-2012, Republic of Moldova, Europe
Managing Directors: Ieva Konstantinova, Victoria Ursu
info@omniscriptum.com

Printed at: see last page
ISBN: 978-620-0-03083-2

Agradecimiento

En la vida nos encontramos con obstáculos que nos hacen dudar o incluso caer, pero siempre habrá quien nos ayude a levantarnos y superarnos. La meta de todo estudiante es llegar a la cima y lo estamos logrando trabajando con mucho orgullo para lograr nuestro objetivo.

Es por ello que agradecemos al Dr. Leonel Mendieta Fonseca coordinador de la carrera de Física-Matemática por la confianza, persistencia, motivación, paciencia y colaboración al desarrollo de esta investigación, también a la Dr. Perla Canda docente de la carrera por sus asesorías brindadas desde que iniciamos esta investigación.

Agradecemos a la Universidad UNAN Managua, Farem-Carazo por permitirnos desarrollar nuestros estudios y formarnos en esta, a todos los compañeros que colaboran indirecta o directamente a este proceso, de igual manera agradecemos al instituto Ramón Matus Acevedo por abrirnos las puertas y proporcionarnos equipos e información al desarrollo de nuestro trabajo.

Resumen

La presente investigación contempla las TIC en la educación con la finalidad de diseñar una propuesta didáctica de enseñanza para mejorar el proceso de aprendizaje del contenido operaciones combinadas con números enteros, haciendo uso de la aplicación *OpeCombi*, con estudiantes de séptimo grado del instituto Ramón Matus Acevedo del municipio de Jinotepe del departamento de Carazo, durante el primer semestre del año lectivo 2023, con el objetivo de evaluar la aplicación de la propuesta didáctica.

Es un estudio con metodología aplicada y de tipo no experimental, con un enfoque mixto, bajo un paradigma del post positivismo; la población estuvo conformada por 95 estudiantes, se empleó un muestreo no probabilístico por conveniencia para la selección de la muestra, correspondiente a 48 estudiantes de séptimo grado que reciben la asignatura de matemática, con los que se aplicó la encuesta o test para la recolección de datos; estos fueron examinados mediante el análisis, síntesis y gráficos, para la interpretación de los mismos.

Esta propuesta aporta una nueva estrategia al plano educativo, estructurada en 6 sesiones de clases en el contenido de operaciones combinadas, integra planes de clase correspondientes a cada sesión e instrumento de evaluación, tomando en cuenta las diferentes etapas del proceso de enseñanza y aprendizaje. Durante este proceso se plantea la utilización de la aplicación OpeCombi, aplicación creada por los autores de la investigación.

El uso de apps en la educación es muy conveniente ya que mediante ella se motiva al estudiantado y de esa forma se resuelve un problema social como lo es el déficit en el aprendizaje. A partir de la aplicación de la propuesta para el desarrollo del contenido de operaciones combinadas, se determina que las apps educativas contribuyen al aprendizaje por competencias, brindando herramientas que permiten a los estudiantes tener una mayor disposición para apropiarse del contenido desarrollado en clase.

Palabras claves: Aplicación móvil, Aprendizaje por competencias, Operaciones combinadas, Sesiones y planes de clase.

Índice

1. Introducción

Esta investigación se basó el uso de las TIC en la educación enfocada en la asignatura de matemática en educación secundaria regular, específicamente en el contenido de operaciones combinadas para séptimo grado en el instituto Ramon Matus Acevedo del municipio de Jinotepe, esto mediante la implementación de la propuesta didáctica que contempla la realización y uso de una app educativa llamada OpeCombi diseñada y programado en el entorno de AppInventor, esta permite al estudiante desarrollar los tres saberes; para promover el aprendizaje interactivo mediante el uso de las herramientas tecnológicas.

Mediante la revisión de trabajos investigativos y observaciones realizadas se evidencia la existencia de dificultades en cuánto al desempeño en el aprendizaje de operaciones combinadas, González y Urgiles (2021, p. 9) afirman que: "los estudiantes tienen dificultades cuando se trabaja en el tema de: operaciones combinadas, pues los alumnos no pueden desarrollar operaciones que contemplan: sumas, restas, multiplicaciones y divisiones". Puesto que al integrar todas estas operaciones en un solo planteamiento produce confusión en los estudiantes y no ejecuta el procesamiento correcto para encontrar la solución. Los autores antes citados señalan que los vacíos teóricos en cuanto a los estudiantes que no han comprendido temas anteriores deben ser solucionados antes de proseguir a otros contenidos de la asignatura.

Mediante la aplicación de diagnósticos se indagó sobre el aprendizaje de operaciones combinadas, lo que permite identificar las dificultades que presentan los estudiantes para lograr la comprensión de este contenido, a su vez, el diagnostico brinda las pautas sobre los conocimientos que deben ser reforzados mediante la app, es decir que, permite identificar como se va diseñar la app y los elementos necesarios a integrarle en la programación de tal forma que se dé una solución a dicha problemática, para brindar al docente de educación secundaria un recurso que facilite su labor pedagógica y pedagógica, contribuyendo al mejoramiento de la calidad educativa en Nicaragua. Benavides y Panesso (2017, p.17) cita a UNESCO (2010) mencionando que "las experiencias del mundo están vinculados a usos TIC. Jóvenes multitareas o multiprocesos cognitivos, y enfocados a lo multimedial donde las imágenes son más relevantes que los textos" por lo tanto el magisterio debe adaptar la educación a esta era digital y no quedarse en lo tradicional.

Para ello se implementó una metodológica con enfoque mixto con mayor inclinación al enfoque cuantitativo, el tipo de investigación según su nivel es descriptiva, de acuerdo a Tamayo (2001) "La investigación descriptiva se encarga de observar, registrar, analizar y correlacionar los fenómenos o situaciones sin manipular variables, con el propósito de establecer las regularidades que presentan en su estructura y comportamiento." Por lo que se persigue la descripción de la reacción de los estudiantes al manipular la app diseñada para analizar toda la información. según la toma de datos la investigación es de tipo transversal puesto que, está comprendida en un tiempo determinado.

El diseño de la investigación es no experimental es decir que es observacional, de acuerdo a Hernández, Fernández y Baptista (2010) describe que en una investigación no experimental no se da una manipulación de variables, puesto que el objetivo es observar los fenómenos en lo cotidiano para posteriormente hacer un análisis. La población de este estudio estuvo constituida por 95 estudiantes de las secciones A, B y C de séptimo grado en el instituto Ramon Matus Acevedo en el municipio de Jinotepe departamento de Carazo, para la selección de la muestra se empleó un muestreo no probabilístico, el cual fue por conveniencia, correspondiente a 48 estudiantes de séptimo grado que reciben la asignatura de matemática, con los que se aplicó encuesta para la recolección de datos;

Para el cálculo del tamaño de la muestra se aplicó la fórmula para poblaciones finitas conocidas y varianzas desconocidas.
$$n = \frac{NZ^2pq}{d^2(N-1)+Z^2pq}$$

Con los datos siguientes

N=95 estudiantes

P= 0.5

q=0.5

d=0.1

z=1.96

Se consideró un nivel de confianza del 95% con un error muestral del 10 % con probabilidades de Éxito de 50% y de fracaso del 50%. Obteniendo un resultado de 48 estudiante como muestra, para la selección de los estudiantes y conformación del grupo se realizó un muestreo estratificado y dentro del estrato se aplicó un muestreo aleatorio simple, referente a lo anterior la muestra obtenida se resume en la tabla siguiente:

Sección	Cantidad de Estudiante	Cantidad de estudiantes seleccionados
Séptimo A	34	19
Séptimo B	34	17
Séptimo C	27	12
Total	95	48

El grupo quedo conformado de la siguiente manera por sexo

Sección	Cantidad de varones	Cantidad varones a seleccionar	Cantidad de Mujeres	Cantidad de mujeres a seleccionar
Séptimo A	16	10	18	9
Séptimo B	18	9	16	8
Séptimo C	12	6	15	6
Total	46	25	49	23

2. Justificación

Este estudio nace de la necesidad en el aprendizaje de los estudiantes en los centros educativos, ya que se considera el área de matemática como una de las disciplinas más difíciles, abstractas y a la vez fundamental en su integración al plan educativo de cualquier país, por ende, la enseñanza adecuada y el aprendizaje correcto es esencial.

En vista de la situación, también los docentes enfrentan un gran reto, ya que ellos tienen la misión de desarrollar competencias matemáticas en los estudiantes, por tanto, tienen que adecuar la enseñanza al ambiente, los intereses, estilos de aprendizaje y según las motivaciones de los estudiantes, para que estas sean efectivas en la formación de conocimientos en los estudiantes, una opción es incorporar las tic en el proceso de enseñanza aprendizaje con la finalidad de crear espacios adecuados que despierten las ganas de estudiar en los discentes.

Para dar respuesta a la problemática antes mencionada se realizó esta investigación, la cual tiene el propósito de mejorar el proceso de aprendizaje del contenido operaciones combinadas en matemática, utilizando la aplicación móvil OpeCombi, con el fin de contribuir a superar las dificultades que experimentan los estudiantes en el desarrollo de este contenido y el alcance de los indicadores de logro.

Esta estrategia consiste en la integración de una metodología de aprendizaje basada en las TIC aplicadas al tema, de esta manera llamará más la atención de los estudiantes y consolidará mejor sus conocimientos.

Según Jorge Calvo (2018) La tecnología nos permite generar curiosidad en clase y esto es un gran punto que juega a nuestro favor, las nuevas generaciones son grandes conocedoras de la tecnología, pero no saben aplicarla ni aprender con ella y es ahí donde el profesor tiene que aprovechar y convertirla en su mejor aliada. Además, la tecnología facilita la disponibilidad e inmediatez, nos permite estar conectados, pero también ofrece sorpresa, novedad, innovación y visión. Estos son factores que, unidos a los que ya tenemos y conseguimos de forma natural en el aula, nos ayudan a crear nuevas líneas de aprendizaje.

En la actualidad los sistemas educativos de todo el mundo se enfrentan al desafío de utilizar las tecnologías de la información y comunicación para proveer a los estudiantes conocimientos con herramientas necesarios que se requieren en el siglo XXI. Al respecto la UNESCO (2004), señala que, con la llegada de las tecnologías, el énfasis de la profesión docente está cambiando desde un enfoque centrado en el profesor que se basa en prácticas alrededor del pizarrón y el discurso basado en clases magistrales, hacia una formación centrada principalmente en el alumno dentro de un entorno interactivo de aprendizaje.

Esta propuesta aporta una nueva estrategia al plan educativo que es la utilización de la aplicación OpeCombi, aplicación creada por autores de la investigación, esta se basa en 6 sesiones de clase en el contenido operaciones combinadas, se considera esta propuesta muy relevante ya que mediante ella se puede resolver un problema académico como lo es el aprendizaje y la aprobación.

Es por ello que los beneficiarios de esta propuesta son los estudiantes de séptimo grado, porque con la aplicación de la metodología de aprendizaje basada en las TIC aumentará el nivel de compresión del contenido operaciones combinadas, otro beneficiario son los docentes pues a partir de los resultados pueden tomar esta propuesta e incorporarlas en clases para mejorar la calidad en el desarrollo del contenido y también los padres de familias ya que esto contribuirá a mejorar el rendimiento académico de sus hijos.

La aplicación de esta propuesta didáctica representaría un importante cambio en la manera de enseñar y aprender el contenido en estudio, por tanto, se considera que los docentes en la actualidad deben adquirir nuevas estrategias de enseñanzas las cuales le permitan desarrollar capacidades y habilidades en sus estudiantes, para lo cual es fundamental el uso de las nuevas tecnologías. Si un profesor logra desarrollar las competencias para el uso de las TIC, no solo le permitirá mejorar su labor docente, sino también la escuela donde se desempeñe; ya que al modificar ciertas estrategias de enseñanza-aprendizaje permite modificar el currículo generando escuela que se autoevalúen y que mejoren constantemente.

Por lo tanto, la tecnología es un valor que debe estar en nuestras aulas para seguir enriqueciendo la competencia digital de nuestros alumnos. Educamos y formamos personas para que vivan en una sociedad que está en continua evolución y transformación digital, si no somos capaces de darles esas herramientas necesarias para que puedan afrontar sus retos, nuestra labor como educadores no será completa.

3. Objetivos

3.1. Objetivo general

- Diseñar una propuesta didáctica que facilite el proceso de aprendizaje de operaciones combinadas haciendo uso de la aplicación móvil *OpeCombi* con estudiantes de séptimo grado del instituto Ramon Matus Acevedo del municipio de Jinotepe del departamento de Carazo, durante el primer semestre del año lectivo 2023.

3.2. Objetivos específicos

- Identificar las dificultades de aprendizaje en el contenido operaciones combinadas.
- Determinar los presupuestos teóricos que sustentan la estrategia didáctica.
- Desarrollar la propuesta didáctica tomando en cuenta las dificultades de los alumnos y los referentes teóricos.

➢ Implementar la estrategia didáctica con estudiantes de séptimo grado en el instituto Ramon Matus Acevedo.

➢ Evaluar los resultados de la propuesta didáctica en el aprendizaje de los estudiantes.

4. Marco teórico

4.1. Antecedentes

El trabajo de Byron H. González y Jhon D. Urgiles (2021) titulado "Aprendizaje colaborativo: desarrollo de destrezas para la resolución de operaciones combinadas en estudiantes de quinto año de educación general" (Ecuador), cuyo objetivo fue Potenciar el desarrollo de destrezas de cálculo matemático mediante estrategias de aprendizaje colaborativo para resolver problemas con operaciones combinadas en los estudiantes del quinto año de educación básica paralelo "B", utilizando el estudio de caso único en donde obtuvieron un cambio significativo y dominio de las destrezas matemáticas por lo que consideraron el trabajo como un aporte a la enseñanza de la matemática. Llegaron a la conclusión que aplicar estrategias didácticas variadas permitirá que los estudiantes tengan curiosidad por aprender y se encuentren predispuestos a trabajar de diversas formas dentro del salón, los docentes deben planificar con anterioridad las estrategias empleando la el aprendizaje basado en problemas y el trabajo colaborativo, utilizando juegos como método para conformar equipos heterogéneos motivando a los estudiantes.

Así también Leidy D. Benavides y León B. Panesso (2017) en su tesis titulada "Aprendizaje basado en proyectos mediado por la TIC en la promoción del aprendizaje de operaciones combinadas" (Cali, Colombia), en donde su objetivo fue Describir como el aprendizaje basado en proyectos mediados por TIC, mejora el aprendizaje en el orden del pensamiento numérico y el proceso de resolución de problemas en estudiantes de grado tercero en la institución educativa Técnica Simón Rodríguez, sede María Panesso, mediante un enfoque cualitativo de tipo descriptiva ofreciendo la posibilidad de una interpretación caracterizada, comprensión e interpretación de los fenómenos. Como conclusión aportar que la aplicación del aprendizaje basado en proyectos mediados por las TIC, generó cambios en el grupo de estudiantes teniendo un incremento significativo en el mejoramiento del proceso de resolución de problemas basado en operaciones básicas matemáticas. Así también el ABP permite al maestro la posibilidad de crear clases lúdicas y generar la motivación en los estudiantes, la implementación de esta estrategia permite el desarrollo de competencias en el manejo de hoja de cálculo de Excel al realizar constituyendo al estudiante como un ser activo en la construcción del conocimiento y el aprendizaje colaborativo en importante para la movilización de saberes y el docente actúa como orientador para los estudiantes al resolver problemas tomando en cuenta los aprendizajes previos.

De acuerdo a José L. Chávez Basurto (2022) en su tesis "Flippend Classrom en el aprendizaje de operaciones combinadas de números enteros en 1° de educación secundaria obligatoria", (México), cuyo objetivo fue Diseñar una propuesta de intervención basada en el modelo Flipped Classroom para trabajar los contenidos de operaciones combinadas de números enteros para 1° de ESO. Para ello basaron en el modelo pedagógico de "aula invertida" para trabajar en contenido de operaciones combinadas en donde el docente grabava videos para que los estudiantes pudieran verlos antes de llegar al salón de clase, llegando a la conclusión de que es necesario que el docente integre las TIC contextualizadas en el proceso de enseñanza y que este modelo es una herramienta importante para el docente ya que plantea un cambio en el paradigma en relación al modelo tradicional.

Vega, Cornejo, Bedregal y Guevara (2021) en su artículo llamado "Desarrollo de un software educativo matemático para facilitar el aprendizaje de operaciones combinadas" (Perú), en donde desarrollan un software para que el docente pueda brindar a los estudiantes mediante un servidor ejercicios con operaciones combinadas y que, a su vez el estudiante pueda retornar al docente las respuesta mediante el mismo servidor divididos en categorías de acuerdo a la función que el docente quiere que ejerza como: demostrativo, instructivo y evaluativo. Llegaron a la conclusión de que para desarrollar un software educativo es necesario tener en cuenta la necesidad en cuanto al aprendizaje y las características de quienes van a usar el mismo, es necesario que el docente se didáctico al integrar actividades motivadoras contextualizadas y emplee como apoyo el uso del software, como también se identificó la posibilidad de emplear elementos de gamificación para aumentar la motivación de los estudiantes, por último se confirmó que el desarrollo de estos aplicativos potencia la motivación y el aprendizaje en los estudiantes.

En cuanto a los antecedentes nacionales no se encontraron muchos registros del uso de aplicaciones móviles como estrategias para enseñar matemáticas, sin embargo, a continuación, se describen las más relevantes.

Coronado, Landero y Vargas (2021) en su monografía titulada "Aplicación móvil como recurso didáctico para la enseñanza de las inecuaciones, en decimo grado de secundaria regular" (León – Nicaragua), se diseñó una aplicación móvil llamada INECUMATE adecuada a la unidad de estudio de matemáticas del ministerio de educación, cuyo objetivo fue Proponer una aplicación móvil que ayude a la mejora del proceso de enseñanza de la unidad: Inecuaciones de primer y segundo grado, en decimo de secundaria regular , en La Paz centro – León. Esto bajo un enfoque de investigación cualitativo, de tipo descriptivo y de carácter transversal. Llegando a la conclusión de que el progreso de las TIC continuara modificando las formas de enseñanza, de forma paralelo esto contribuye al aprendizaje de las ciencias abstractas como las matemáticas, puesto que, mediante las TIC el estudiante puede vivir experiencias que a lápiz y papel son difíciles de reproducir, sin embargo, esto debe ir fundamentado en el conocimiento teórico y práctico.

Así también, Flores y Alonso (2015), en su proyecto "Propuesta de unidad didáctica de matemáticas para la factorización en noveno grado de educación media, mediante una aplicación educativa desarrollada para móviles con sistema operativo Android" (Managua - Nicaragua). En este proponen una app móvil para trabajar el contenido de factorización en noveno grado, esta app se adaptada al currículo nacional de educación media en los casos de factorización abordados en el programa, su objetivo fue diseñar una aplicación educativa de factorización para los estudiantes de noveno grado utilizando sistema operativo Android, lo que permitió identificar la necesidad educativa respecto a este contenido matemático, motivando a docentes y estudiantes a impulsar una nueva forma de aprendizaje. Desarrollando la app con el lenguaje de programación de Android studio, la que posteriormente fue puesta a prueba con los estudiantes del colegio experimental México para validar y corregir su funcionamiento y así poder ser usada por las personas que deseen aprender este contenido.

Respecto a los antecedentes locales no se encontraron registros en la web, solo se tiene conocimiento de propuestas didácticas que sugieres el uso de app Móviles ya existentes en play store, tal como, GeoGebra, Desmos y otros; sin embargo, en esta investigación se propone el uso de la app OPECOMBI que está diseñada y programada por los mismos autores de la investigación de acuerdo a las características de la población de estudio.

4.2. Bases científicas

4.2.1. La educación media en Nicaragua

El enfoque de la educación en Nicaragua, según el diseño curricular del subsistema de la educación básica y media, se sustenta en teorías del aprendizaje centradas en el sujeto que aprende, reconociendo que los estudiantes traen al aula inteligencias múltiples, conocimientos y estrategias de aprendizaje previos. Además, se enfatiza en la relación entre la teoría y la práctica, la relación de las competencias con la adquisición de habilidades de pensamiento crítico, hábitos mentales productivos, habilidades y destrezas operativas. El enfoque se centra en el ser humano en relación con su contexto sociocultural e histórico, y concibe la educación como un derecho humano fundamental, una educación para el desarrollo económico y social, con los más altos valores éticos y humanos, que fomentan una conciencia crítica, social y ambiental.

Los pilares de la educación nicaragüense según MINED (2009) en el currículo nacional son:

1. Aprender a Ser: Este pilar fortalece el desarrollo del ser humano con valores sociales, ambientales, éticos, cívicos, humanísticos y culturales, que les permita construir su identidad, la formación del carácter y el fortalecimiento de su autonomía, así como el desarrollo de su proyecto de vida, en beneficio de la colectividad, para vivir una vida saludable y gratificante.

2. Aprender a Convivir: Este pilar se enfoca en el desarrollo de habilidades sociales y emocionales, la promoción de la cultura de paz, la tolerancia, la solidaridad, la cooperación, el respeto a la diversidad y la no discriminación.

3. Aprender a Hacer: Este pilar se enfoca en el desarrollo de habilidades y destrezas para la vida, el trabajo y la producción, la creatividad, la innovación, el emprendimiento y la resolución de problemas.

4. Aprender a Conocer: Este pilar se enfoca en el desarrollo de habilidades cognitivas, el pensamiento crítico, la investigación, la reflexión, la comprensión y el uso de la información y el conocimiento.

Los fundamentos, misión y propósitos de la educación básica y media en Nicaragua se han establecido a través de un proceso de análisis y reflexión sobre los problemas relevantes de la educación, determinados por el contexto nacional e internacional y por las propias condiciones del sistema educativo. Este proceso ha involucrado a diversos actores del sistema educativo, incluyendo a expertos en educación, docentes, estudiantes, padres de familia y representantes de la sociedad civil.

El resultado de este proceso es el diseño curricular del subsistema de la educación básica y media en Nicaragua, que establece los fundamentos, la misión y los propósitos de la educación básica y media en el país. Los fundamentos se basan en teorías del aprendizaje centradas en el sujeto que aprende, reconociendo que los estudiantes traen al aula inteligencias múltiples, conocimientos y estrategias de aprendizaje previos. La misión de la educación básica y media en Nicaragua es "Formar a todos los niños, las niñas, adolescentes, jóvenes y adultos, sujetos de la Educación Básica y Media, para el desempeño exitoso de su vida personal, social, cultural, ambiental y laboral que contribuya al desarrollo humano sostenible; así como para la continuación eficaz de sus estudios formales y no formales". Los propósitos de la educación básica y media en Nicaragua se enfocan en el desarrollo de competencias para la vida, el trabajo y la producción, la formación ciudadana, la promoción de la cultura de paz y la sostenibilidad ambiental, entre otros aspectos.

Así mismo el plan nacional de educación resalta que las estrategias propuestas para mejorar la calidad y relevancia de los aprendizajes en Nicaragua incluyen la actualización pedagógica y científica permanente del personal docente y administrativo, la creación de redes académicas de educadores con apoyo de la tecnología, la implementación de un Sistema Nacional de Formación y Capacitación del personal, y la identificación de las principales necesidades educativas y establecimiento de prioridades de atención por subsistema. Además, se destaca la importancia de asegurar la calidad de los aprendizajes en función de la relevancia para la inserción productiva y del ejercicio democrático de los egresados del sistema educativo en todos los niveles y modalidades.

4.2.2. Enseñanza de las matemáticas en Nicaragua

A partir del año 2019 el Ministerio de educación en colaboración con JICA (agencia de cooperación internacional de Japón), inicio la implementación de la metodología de matemáticas amigables para educación secundaria, proyecto llamado NICAMATE, el cual incluye libros de textos, cuadernos de trabajo, guías de para docentes y macro unidades pedagógicas.

JICA (2019) en su informe sobre el proyecto NICAMATE señala que su objetivo es lograr una educación matemática eficiente y efectiva en Nicaragua. Para lograr este objetivo, el proyecto se enfocó en el desarrollo de materiales educativos sistemáticos y fáciles de entender, incluyendo libros de texto para estudiantes, guías para docentes y cuadernos de actividades para estudiantes de matemática en la educación secundaria de los cinco grados. Además, el proyecto se enfocó en mejorar la educación en matemática para los docentes para que puedan usar los materiales de manera efectiva.

Los libros de texto están estructurados por unidades, las que a su vez se dividen en secciones, cada sección con su respectivo indicador de logro y de ahí de desglosan los contenidos en donde cada contenido tienen su aprendizaje esperado; de tal forma que para cada contenido corresponde una hora de clase equivalente a 45 minutos.

El tema de interés en esta investigación, de acuerdo a la macro unidad pedagógica para séptimo grado la cual contiene siete unidades, se encuentra en la segunda unidad llamada Números Positivos, Negativos y el cero, en la sección cuatro cuyo indicador de logros textualmente dice "Resuelve situaciones de su vida escolar relacionadas con las operaciones combinadas de números positivos y negativo", siendo la competencia de grado "Resuelve situaciones en diferentes contextos relacionadas con los números positivos, negativos y el cero, así como sus operaciones" y su competencia de eje transversal "Asume sus decisiones con responsabilidad y actitud crítica para asegurar el éxito de su vida escolar y familiar".

4.2.3. Enfoque de resolución de problemas

El MINED en sus procesos de capacitaciones ha hecho énfasis en que el Enfoque de Resolución de Problemas: Un aprendizaje para la vida (2022); La verdadera práctica del enfoque de resolución de problemas en el aula de clases, se logra cuando somos capaces de hacer que los estudiantes desarrollen aprendizaje por sí mismos. En el aula de clase encontramos un terreno muy fértil que contribuye a alcanzar este fin, la clave para ello está en que los docentes les propongamos, a los educandos, actividades y preguntas que conlleven a desarrollar el aprendizaje por sí mismos, lo que a su vez abonará al desarrollo del pensamiento matemático en ellos.

Durante la interacción con los estudiantes, el método de aprendizaje nos debe llevar a cuestiones más allá que un simple cálculo; es decir, se debe profundizar en el "cómo", el "qué" y el "por qué", lo que es posible a través de la reflexión de los estudiantes sobre las actividades en el aula. Este acercamiento no es solo el hecho de hacer preguntas y guiar el razonamiento de los estudiantes que den la respuesta que espera el docente, sino que se debe propiciar que los educandos piensen por sí mismos.

Un aspecto clave para lograr que los estudiantes sean capaces de pensar por sí mismos, es que los docentes seleccionen las preguntas adecuadas que harán en el contexto de la resolución del problema; estas son clave para retroalimentar durante el proceso del desarrollo de las clases, las preguntas también deben llevarlo más allá del punto al que ha llegado y vislumbre una posible generalización y una forma más ágil y refinada de resolver el problema. De tal manera, que si logramos que los educandos se apropien de lo que persigue el docente, reconocerán el papel de la situación del problema con relación al propósito de aprendizaje que se pretende alcanzar.

Como hemos reflexionado, que uno de los aspectos clave para la resolución de problemas son las preguntas que se les propone a los estudiantes; estas, más que conducirlos paso a paso hasta que den la respuesta esperada, deben llevarlo a una profundización mayor del pensamiento matemático. Un propósito primordial en la resolución de problemas, es contribuir a que los estudiantes amplíen su pensamiento matemático por sí mismo. Esta actividad tiene el propósito que indaguemos qué podemos desarrollar por nosotros mismos. Si somos capaces de extender esa actividad, podemos decir que ya empezamos a aprender matemática por nosotros mismos.

De acuerdo a la Investigadora de España Isabel Echenique Urdiain, mencionada por Díaz Vega Francisco Emilio y Jarquín López Humberto Antonio en su artículo **Pautas didácticas para el aprendizaje amigable de matemática,** nos expresa que:

"La resolución de problemas es la actividad más complicada e importante que se plantea en Matemática. Los contenidos del área cobran sentido desde el momento en que es necesario aplicarlos para poder resolver una situación problemática. Cuando se trabajan en el aula de forma sistemática, dando opción al estudiante a que razone y explique cuál es su forma de afrontar y avanzar en el desarrollo de la actividad, salen a la luz las dificultades que el propio proceso de resolución de problemas conlleva. Dichas dificultades están relacionadas en algunos casos con la falta de asimilación de contenidos propios de los diferentes bloques del área; en otras ocasiones se basan en la comprensión lectora, en el uso del lenguaje o en el desconocimiento de conceptos propios de otras disciplinas que intervienen en la situación planteada. No obstante, suponen una importante fuente de información para dar a conocer los aspectos que se debieran retomar e incorporarlos nuevamente al proceso de aprendizaje.

Un problema es una situación que un individuo o grupo quiere o necesita resolver y para la cual no dispone, en principio, de un camino rápido y directo que le lleve a la solución; consecuentemente eso produce un bloqueo. Conlleva siempre un grado de dificultad apreciable, es un reto que debe ser adecuado al nivel de formación de la persona o personas que se enfrentan a él. Si la dificultad es muy elevada en comparación con su formación matemática, desistirán rápidamente al tomar consciencia de la frustración que la actividad les produce. Por el contrario, si es demasiado fácil y su resolución no presenta especial dificultad ya que desde el principio ven claramente cuál debe ser el proceso a seguir para llegar al resultado final, esta actividad no será un problema para ellos sino un simple ejercicio.

De este modo podemos decir que la actividad que para estudiantes de ciertas edades puede concebirse como un problema, para otros no pasa de ser un mero ejercicio. Los ejercicios no implican una actividad intensa de pensamiento para su resolución. Al realizarlos, el estudiante se da cuenta muy pronto de que no le exigen grandes esfuerzos. Generalmente tienen una sola solución, son actividades de entrenamiento, de aplicación mecánica de contenidos o algoritmos aprendidos o memorizados. Le sirven al profesor para comprobar que los estudiantes han automatizado los conocimientos que él pretendía enseñarles y, a su vez, al estudiante para consolidar dichas adquisiciones.

4.2.4. Estrategias didácticas

Rosales (2017) define una estrategia didáctica como un procedimiento o conjunto de procedimientos que el docente utiliza para facilitar el aprendizaje significativo de los estudiantes. Estas estrategias pueden ser de enseñanza, es decir, empleadas por el profesor para hacer posible el aprendizaje del estudiante, o de aprendizaje, que son procedimientos mentales que el estudiante sigue para aprender. Es decir, las estrategias didácticas son herramientas que el docente utiliza para lograr que los estudiantes adquieran conocimientos de manera efectiva y significativa.

Así también resalta que las estrategias didácticas son importantes porque permiten al docente planificar y llevar a cabo actividades de enseñanza que promuevan el aprendizaje significativo y efectivo de los estudiantes. Estas estrategias ayudan a los estudiantes a adquirir, comprender y retener información de manera más eficiente y a desarrollar habilidades y competencias necesarias para su formación integral.

Además, las estrategias didácticas también permiten al docente adaptarse a las necesidades y características de los estudiantes, fomentar la participación activa y colaborativa de los estudiantes en el proceso de aprendizaje, y evaluar de manera más efectiva el progreso y logros de los estudiantes, por lo que, las estrategias didácticas son una herramienta fundamental para mejorar la práctica docente y para lograr un aprendizaje significativo y efectivo en los estudiantes.

4.2.5. Estilos de aprendizaje

De acuerdo Gentry & Helgesen (1999) citado por García (2018, pág. 351) en su artículo sobre estilos de aprendizaje, "El término estilos de aprendizaje se refiere a esas estrategias preferidas que son, de manera más específica, formas de recopilar, interpretar, organizar y pensar la nueva información", en palabras sencillas a la forma concreta que cada persona asimila la información para que su cerebro decodifica y pueda crear un nuevo aprendizaje o conocimiento.

Las teorías de aprendizaje de tipo cognitivo de Honey y Mumford (2000) citado por Pitre, Sánchez y Hernández (2021), define cuatro estilos de aprendizaje descritos en el siguiente esquema:

Activo	• Implica vivir nuevas experiencias, personas de menta abierta y activos
Reflexivo	• Personas analíticas y observativas
Teórico	• Adaptan las observaciones dentro de teorias logicas y complejas.
Pragmático	• Se centran en la aplicación práctica de las ideas

Por lo que es necesario que el docente tenga dominio de los estilos de aprendizaje de los estudiantes, puesto que, será necesario tomar esto en cuenta para integrar estrategias didácticas eficaces al proceso de enseñanza aprendizaje, López y Morales (2015, p.35) señala que "Hablar de estilos de aprendizaje abre otra perspectiva al entendimiento del proceso de enseñanza-aprendizaje, sobre todo porque posibilita la atención a la diversidad dentro del aula a través de la personalización de dicho proceso". Lo que sin lugar a dudas permitirá un aprendizaje significativo, mayor motivación del estudiantado y sin lugar a dudas un mejor rendimiento académico.

4.2.6. Las Tic en el proceso de enseñanza aprendizaje

La tecnología avanza de manera impredecible, y con ello las TIC, las que han tomado un auge significativo en la sociedad, no quedándose atrás en el ámbito de la educación, la UNESCO (2014) menciona que los jóvenes de esta generación nacieron en una era tecnológica lo que podría influir en sus habilidades cognitivas, por lo que es necesario que los docentes implemente nuevos métodos pedagógicos para mantener la motivación en los jóvenes de esta generación que están acostumbrado a acceder a la información de forma digital e interactuar con las pantallas. Por lo que el docente puede integrar estas herramientas en su rol de mediador de diferentes formas, ya sea como estrategia de enseñanza o bien como una estrategia para evaluar el aprendizaje

Lanuza, Rizo y Saavedra (2018) describe que el uso de las Tecnologías de la Información y la Comunicación (TIC) en la educación es un tema importante y ampliamente discutido en la actualidad. La incorporación de las TIC en el proceso de enseñanza-aprendizaje puede mejorar la calidad de la educación, ya que permite a los estudiantes tener acceso a una gran cantidad de información y recursos educativos en línea, así como también les brinda la oportunidad de aprender de manera más interactiva y colaborativa. Además, las TIC pueden ayudar a los docentes a diseñar y desarrollar materiales educativos más atractivos y efectivos, y a evaluar el progreso de los estudiantes de manera más eficiente. Sin embargo, la integración de las TIC en la educación también presenta desafíos, como la necesidad de una infraestructura adecuada, la capacitación de los docentes en el uso de las TIC y la necesidad de garantizar la seguridad y privacidad de los estudiantes.

Así mismos, los anteriormente citados hacen mención de dos factores influyentes en la integración de las tic en el proceso de enseñanza aprendizaje, factores internos que se refieren a la infraestructura, acondicionamiento de aulas, laboratorios de prácticas, disponibilidad de recursos (hardware, software, capacitaciones, apoyo institucional y una actitud proactiva de estudiantes y docentes), entre otros y los factores externos se refieren a los avances tecnológicos, la disponibilidad de acceso a internet, la capacitación de los docentes y estudiantes en el uso y aplicación de herramientas TIC.

Según Flores, Lazo y Palacios (2015) los docentes deben tener un conocimiento básico o avanzado sobre las TIC para poderlas implementar dentro del aula de clases, además menciona los conocimientos básicos que el docente debe tener para hacer la implementación de este recurso:

- Las TIC no generan automáticamente innovación educativa, ni tienen efectos mágicos, sino que su uso debe tener un objetivo.
- Su uso debe ser planificado para obtener aprendizajes.
- Deben ser utilizadas por el estudiante de forma que este aprenda haciendo.
- Deben ser utilizada tanto en el trabajo individual como para forma aprendizaje de forma colaborativa.

4.2.7. Las TIC en la enseñanza de las matemáticas

Las matemáticas sin lugar a dudas no cambian y a pesar del avance tecnológico los conceptos siguen siendo los mismos, conceptos generalmente llamados abstractos por los que no tiene un sentido de disfrute hacia esta asignatura, debido a esto ha de ser necesario implementar nuevos métodos al proceso de enseñanza, he allí donde se integran las TIC como herramienta en dicho proceso. Según Sunkel (2006) citado por Salillas (2018, p. 10) el "objetivo de proporcionar una herramienta de apoyo que promueva la experimentación y la exploración para proporcionar un mejor aprendizaje".

El uso de las TIC no supone una ausencia del docente, puesto que este siempre será un mediador de aprendizaje, Chachai (2019, p. 19) "estas herramientas en una sesión de aprendizaje son un recurso muy útil al momento de brindar un apoyo complementario a los temas que se traten en clase". Por lo que es un recurso oportuno para ilustrar conceptos y ejemplificarlos, con el propósito de mejorar la comprensión de los contenidos, así también para que el estudiante ponga en práctica lo que sabe con el fin de conocer el porcentaje de alcance del indicador de logro.

5. Diseño metodológico

La propuesta didáctica de este diseño metodológico está enmarcada a dar respuesta a una problemática, el que radica en lo que es el tema de operaciones combinadas para estudiantes de séptimo grado, para conocer todos los aspectos que se ven implicados se hizo un estudio de los resultados de los instrumentos aplicados para posteriormente plantear una solución, para ello se hace la programación de una app para promover el aprendizaje interactivo y motivador a los estudiantes fortaleciendo las competencias en los estudiantes. Por lo tanto, este capítulo se aborda el tipo de investigación, el paradigma y enfoque lo cual sustenta el trabajo investigativo.

Además, se plantea la población, la muestra que se toma para llevar a cabo dicho trabajo y las técnicas de recolección y análisis de los resultados, dado que según Sánchez Carlessi (1990) el diseño metodológico es una estructura u organización esquematizada que adopta el investigador para relacionar y controlar las variables de estudio.

5.1. Enfoque de la investigación

El enfoque investigativo de este trabajo es de tipo Mixto, ya que de acuerdo a Hernández, Fernández y Baptista (2003) (…) representan el más alto grado de integración o combinación entre los enfoques cualitativo y cuantitativo. Ambos se entremezclan o combinan en todo el proceso de investigación, o, al menos, en la mayoría de sus etapas (…) agrega complejidad al diseño de estudio; pero contempla todas las ventajas de cada uno de los enfoques. (p. 21). Sin embargo, en nuestra investigación predomina más el enfoque cuantitativo por lo que este es más pertinente para medir el aprendizaje de los estudiantes antes y después de la aplicación de la propuesta y esto está dado por el tipo de instrumento aplicado que es un tets, pero también conserva el enfoque cualitativo ya que es necesario observar el comportamiento de los estudiantes durante la aplicación de la propuesta para la evaluación eficaz de todo este proceso.

5.2.   Tipo de investigación

Esta investigación es de tipo no experimental o también llamada de observación, puesto que no se hace manipulación de variables, sino que únicamente se basa en la observación de los acontecimientos en lo cotidiano de la vida, esto se sustenta con lo dicho por Hernández, Fernández y Baptista (2010) en donde describe que una investigación no experimental no se da una manipulación de variables, puesto que el objetivo es observar los fenómenos en lo cotidiano para posteriormente hacer un análisis.

5.3.   Nivel de la investigación

Según el autor Fidias G. Arias (2012), define: la investigación descriptiva consiste en la caracterización de un hecho, fenómeno, individuo o grupo, con el fin de establecer su estructura o comportamiento. Los resultados de este tipo de investigación se ubican en un nivel intermedio en cuanto a la profundidad de los conocimientos se refiere. La investigación descriptiva se encarga de puntualizar las características de la población que está estudiando. Esta metodología se centra más en el "qué", en lugar del "por qué" del sujeto de investigación. En otras palabras, su objetivo es describir la naturaleza de un segmento demográfico, sin centrarse en las razones por las que se produce un determinado fenómeno. Es decir, "describe" el tema de investigación, sin cubrir "por qué" ocurre. La investigación descriptiva se refiere al diseño de la investigación, creación de preguntas y análisis de datos que se llevarán a cabo sobre el tema. Se conoce como método de investigación observacional porque ninguna de las variables que forman parte del estudio está influenciada. Algunas características que distinguen a la investigación descriptiva son:

➤ Investigación cuantitativa: La investigación descriptiva es un método que intenta recopilar información cuantificable para ser utilizada en el análisis estadístico de la muestra de población. Es una herramienta popular de investigación de mercado que permite recopilar y describir la naturaleza del segmento demográfico.

➤ Variables no controladas: En la investigación descriptiva, ninguna de las variables está influenciada de ninguna manera, sino que utiliza métodos de observación para llevar a cabo el estudio. Por lo tanto, la naturaleza de las variables o su comportamiento no está en manos del investigador.

➢ Estudios transversales: La investigación descriptiva, generalmente, es un estudio transversal de diferentes secciones pertenecientes al mismo grupo.

➢ Bases para una mayor investigación: Los datos recogidos y analizados a partir de la investigación descriptiva pueden ser investigados más a fondo utilizando diferentes técnicas. Además, ayudan a determinar los tipos de métodos de investigación que se utilizarán para la investigación subsiguiente. Ventajas de la investigación descriptiva

1. Recolección de datos: La investigación descriptiva puede llevarse a cabo utilizando métodos específicos de recolección de datos como el método de observación, estudios de casos y encuesta. Entre estos tres, se cubren todos los métodos principales de recolección de datos, en este caso usamos la encuesta como método de recolección de datos.

2. Datos variados: Dado que los datos recopilados son tanto cualitativos como cuantitativos, se tiene una comprensión holística de un tema de investigación. Esto hace que los datos que no se planearon para ser recolectados sean rastreados y que los datos sean variados, diversos y exhaustivos.

3. Entorno natural: La investigación descriptiva permite que la investigación se lleve a cabo en el entorno natural del encuestado, lo que garantiza la recopilación de datos honestos y de alta calidad.

5.4. Paradigma investigativo

Según Flores (2004), un paradigma engloba un sistema de creencias sobre la realidad, la visión del mundo, el lugar que el individuo ocupa en él y las diversas relaciones que esa postura permitiría con lo que se considera existente. El paradigma investigativo de este trabajo es el post-positivismo. De acuerdo a Flores (2004) en el post-positivismo la realidad existe, pero no puede ser completamente aprehendida. Lo real se lo entiende desde las leyes exactas, sin embargo, ésta únicamente puede ser entendida de forma incompleta. Una de las razones para no poder lograr una comprensión total y absoluta de la realidad se basa en la imperfección de los mecanismos intelectuales y perceptivos del ser humano. Hernández et al. (2010) hacen un resumen de las características del paradigma post-positivista, en donde afirman que en éste la realidad puede ser conocida de forma imperfecta.

5.5. Universo, población y muestra

Universo Carrasco (2009) señala que universo es el conjunto de elementos, personas, objetos, sistemas, sucesos, entre otras, finitos e infinitos, a los que pertenece la población y la muestra de estudio en estrecha relación con las variables y el fragmento problemático de la realidad, que es materia de investigación. Según esto, nuestro universo de estudio de esta investigación está constituido por los 578 estudiantes de las modalidades secundaria regular, primaria y educación inicial del instituto nacional Ramon Matus Acevedo del municipio de Jinotepe del departamento de Carazo, esto durante el primer semestre del año lectivo 2023.

Arias (2006) define la población como un conjunto finito o infinito de elementos con características comunes para los cuales serán extensivas las conclusiones de investigación. Así que la población de esta investigación es finita puesto que es conocido el número que la componen, estando constituida por 95 estudiantes de séptimo grado de las secciones A, B y C del instituto nacional Ramon Matus Acevedo del municipio de Jinotepe del departamento de Carazo, es decir un grupo finito de estudiantes necesarios para obtener los datos de esta investigación.

Para el cálculo del tamaño de la muestra se aplicó la fórmula para poblaciones finitas conocidas y varianzas desconocidas. $\quad n = \dfrac{NZ^2pq}{d^2(N-1)+Z^2pq}$

Con los datos siguientes

N=95 estudiantes

P= 0.5

q=0.5

d=0.1

z=1.96

Se consideró un nivel de confianza del 95% con un error muestral del 10 % con probabilidades de Éxito de 50% y de fracaso del 50%. Obteniendo un resultado de 48 estudiante como muestra, para la selección de los estudiantes y conformación del grupo se realizó un muestreo estratificado. Siendo la muestra un 50.5 % de la población seleccionada para recolectar la información que sustenta esta investigación, con un total de 48 estudiantes de séptimo grado A, B Y C del instituto nacional Ramon Matus Acevedo del municipio de Jinotepe del departamento de Carazo.

La muestra fue necesario estructurarla por estratos debido a que ninguna de las tres secciones tenia a 48 estudiantes y la asistencia del centro era bastante baja, estos fueron seleccionados bajo un muestreo no probabilístico por conveniencia, la que se describe a continuación:

Sección	Cantidad de Estudiante	Cantidad de estudiantes seleccionados
Séptimo A	34	19
Séptimo B	34	17
Séptimo C	27	12
Total	95	48

El grupo quedo conformado de la siguiente manera por sexo

Sección	Cantidad de varones	Cantidad varones a seleccionar	Cantidad de Mujeres	Cantidad de mujeres a seleccionar
Séptimo A	16	10	18	9
Séptimo B	18	9	16	8
Séptimo C	12	6	15	6
Total	46	25	49	23

5.6. Técnicas de muestreo

El criterio de la muestra tomada es no probabilístico, debido a que la elección de los elementos no se basa en la probabilidad, si no con hechos basados en el juicio subjetivo en lugar de hacerlo al azar, según Gallego (2006), define el muestreo no probabilístico accidental como "la selección de los sujetos de estudio que se hace sobre la base de su presencia o no, en un lugar y momento determinado". A demás es de selección y se realizó por conveniencia, ya que se consideró que este grupo es de mayor interés para ejecutar la aplicación del instrumento para recolectar los datos que se requieren en esta investigación. Además, esto se debe a que la asistencia en el centro educativo es bastante irregular y por tal razón se seleccionó la muestra a conveniencia.

5.7. Técnicas de recolección de datos y análisis de resultados

Es de particular importancia otorgar y no olvidar el valor que tienen las técnicas y los instrumentos que se emplearán en una investigación. En opinión de Rodríguez Peñuelas, (2008:10) las técnicas, son los medios empleados para recolectar información, entre las que destacan la observación, cuestionario, entrevistas, encuestas.

➢ Observación: Esta fue la primera técnica implementada para poder definir esta investigación, ya que, a través de la observación participante, interactuando directamente con los individuos objetos de estudios se pudo identificar dicha problemática, lo que llevó a emprender este trabajo. La observación participante es cuando el observador no pertenece al grupo y sólo se hace presente con el propósito de obtener la información (como en este caso). Según Goetz y Lecompt (1998) la observación participante se refiere a la práctica que consiste vivir entre la gente que un estudio, llegar a conocerlos, conocer su lenguaje y sus formas de vida a través de una intrusa y continuada interacción con ellos en la vida diaria. Este permitió una mejor recolección de datos y captar de forma precisa las posibles dificultades de los estudiantes en esta temática de estudio. En conclusión, la observación permite conocer la realidad mediante la percepción directa de los objetos y fenómenos.

➢ La encuesta: Es un procedimiento que permite explorar cuestiones que hacen a la subjetividad y al mismo tiempo obtener esa información de un número considerable de personas. Según Gómez, (2006:127-128) refiere que básicamente se consideran dos tipos de preguntas: cerradas y abiertas. En este caso el test implementado contiene preguntas cerradas y de selección simple, para la recolección de los datos que desea obtener para cumplir con los objetivos de esta investigación.

➢ Análisis. Fue un método muy importante para lograr desarrollar este trabajo, ya que este permitió descomponer por parte toda la información recolectada referente a la investigación y estudiarla detalladamente, así que se utilizó en todas las etapas del proceso investigativo; se implementó desde el momento de recolectar la información, se leyó y analizo para obtener los datos fundamentales para preparar el presente estudio, para el análisis cuantitativo se usó el software de Microsoft Excel.

6. Trabajo de campo

La estructuración de la propuesta didáctica de enseñanza para mejorar el proceso de aprendizaje del contenido operaciones combinadas, haciendo uso de la aplicación *OpeCombi,* con estudiantes de séptimo grado del instituto Ramon Matus Acevedo del municipio de Jinotepe del departamento de Carazo, durante el segundo semestre del año lectivo 2023, inició despúes la aplicación de una encuesta a los estudiantes del 7° grado de este instituto, puesto que, el análisis de este instrumento mostró de la existencia de muchas dificultades en el aprendizaje previo que deberían tener los estudiantes para formarse sobre el contenido operaciones combinadas, entre estas dificultades se tiene el poco manejo de la ley de los signos para la división, multiplicación y la suma y resta para números enteros.

Ante la dificultad del aprendizaje en este contenido, surge la necesidad de una propuesta didáctica que permita facilitar en los estudiantes la adquisición de estas competencias, por lo que se procedió a elaboración de la misma. Para este trabajo se elaboró una app llamada OpeCombi, diseñada desde la plataforma de appinventor; también se tomó en cuenta los recursos con que se cuenta en el instituto, pues para esta estrategia es necesario el uso de una herramienta TIC, ya que la utilización de estas puede dejar muchos beneficios en el aprendizaje de los estudiantes y mejorar la práctica pedagógica, evolucionando la educación en nuestro país.

El propósito es buscar una alternativa al docente y al estudiante de educación media, para lograr el alcance de los indicadores de logros correspondiente a la II unidad del programa de matemáticas para séptimo grado. Esta estrategia fue diseñada enfocada en el método deductivo, pues este método busca explicar la realidad partiendo de las leyes o teorías hasta los casos particulares, además este enfoque parte de la verificación de los conocimientos previos como lo es en este caso ya que se verifican los aprendizajes previos para adaptar la propuesta a la necesidad educativa, por otro lado, es necesario recalcar que este método es propio de las ciencias exactas y la matemática; muy usado en la enseñanza.

 Como anteriormente se mencionaba, para esta propuesta se implementó OpeCombi que es una app para dispositivos Android que desarrollamos desde el sitio web de AppInventor, esta app consta de una estructura que permite tener el conocimiento conceptual y procedimental, ya que contiene la jerarquía, ejemplos, ejercicios y problemas sobre operaciones combinadas. como apoyo para que el estudiante tenga una visión más clara de lo que plantea la teoría y pueda aplicarla para dar solución a situaciones.

Con este trabajo se prende convertir lo que antes o incluso en la actualidad se sigue llamando "distractores", como lo son los celulares y tablets, en una herramienta que el estudiante y el docente pueda utilizar para facilitar el proceso de enseñanza y aprendizaje, haciendo una clase más dinámica, en donde se adapta el docente al contexto y necesidad del estudiante sin perder de vista el enfoque educativo.

6.1. Elaboración de la aplicación móvil
6.1.1. Entorno de desarrollo

La aplicación OpeCombi está programada en el entorno de App inventor que es un entorno de programación que permite crear aplicaciones móviles de forma muy sencilla, por lo que es accesible a todo el mundo, está diseñado para programar aplicaciones sencillas, pero totalmente funcionales para smartphones y tablets de dispositivos Android o iOS.

El objetivo de App Inventor es democratizar el desarrollo de software, permitiendo a los jóvenes dejar de ser consumidores pasivos de tecnología para convertirse en creadores activos de tecnología. Para ello, App Inventor se ha creado como un software de programación profundamente visual e intuitivo. Funciona con un lenguaje de programación basado en bloques.

App Inventor es una herramienta gratuita de código abierto que se apoya en Blockly, una biblioteca para el lenguaje de programación JavaScript que se emplea para crear lenguajes de programación visuales basados en bloques.

Para utilizarla hay que dirigirse a su página web appinventor.mit.edu, hacer clic sobre el botón 'Create Apps' e iniciar sesión con una cuenta de Google. Y aunque la interfaz que se muestra por defecto está en inglés, se puede cambiar a español. Destaca la presencia de una completa guía que resuelve dudas como las relacionadas, por ejemplo, con las características de diseño, interfaz, gráficos, dibujo y animación (entre otros elementos) de la aplicación que se desea desarrollar o el uso de los siguientes bloques: Control, Lógica, Matemáticas, Texto, Listas, Colores, Variables y Procedimientos.

Dentro de App Inventor es posible diferenciar dos partes que son esenciales dentro de la plataforma:

- App Inventor Designer. Permite crear interfaces interactivas, para ello, ofrece una barra de menú, paleta de componentes, etc.

- Inventor Blocks Editor. Aquí se establece el comportamiento de los componentes del software. Es decir, los bloques permiten construir variables, bucles, condiciones, que ayudan a solucionar problemas en forma metódica, ahorrando tiempo y trabajo.

Características de App Inventor

> Permite construir aplicaciones sencillas y complejas, las cuales son aptas para ser utilizadas en cualquier dispositivo inteligente siempre y cuando este cuente con el sistema operativo Android.

> Es multiplataforma, requiere de un navegador y la máquina virtual de Java instalada, con "java web start".

> Pensado para desarrollar aplicativos para dispositivos móviles.

> Es muy fácil de utilizar.

> Debido a su simplicidad, App Inventor es ideal para usuarios principiantes en el área de la programación, por eso, es empleado en las instituciones de educación básica y universitaria.

6.1.2. Instrucciones generales de desarrollo de la aplicación

Para el desarrollo de la aplicación se accedió en línea a sitio web de AppInvetor web appinventor.mit.edu y se inició sesión con cuenta de Google y se siguieron los siguientes pasos:

1. Creación en la pantalla principal (por defecto) de un texto sobre el propósito de la aplicación y el concepto de operaciones combinadas.

2. Creación de un botón llamado menú que al hacer clic en él se abre otra pantalla donde esta una lista que muestra el menú de la app.

3. Para hacer la lista del menú se insertaron botones para cada opción (jerarquía, ejemplos, ejercicios y problemas) los que se programaron que al hacer clic se desplegara otra pantalla correspondiente a la opción seleccionada.

4. En la pantalla jerarquía se crearon únicamente texto que explica la jerarquía de operaciones combinadas y se cargó un elemento de imagen.

5. En la pantalla ejemplos se usaron elementos de tipo texto para explicar paso a paso los ejemplos.

6. En la pantalla ejercicios hay un sub menú, que consiste en la inserción de tres botones (Sin símbolos de agrupación, con símbolos de agrupación y Con potencias) que al hacer clip en ellos desplegara una pantalla con el nombre que corresponde, dentro de cada pantalla se insertaron elementos tipo texto que es en donde se muestra el ejercicio a resolver, también se insertaron elementos de tipo layont para mostrar una selección múltiple de las posibles respuestas.

7. En pantalla problemas se insertaron elementos tipo texto que es en donde se muestra la situación a interpretar para resolver el problema, también se insertó elementos de tipo list donde muestra las posibles respuestas.

8. En cada pantalla de menú se insertó un botón en la parte superior izquierda con la imagen de una casita que al hacer clip manda al usuario a la pantalla del menú.

6.1.3. Funcionamiento de la aplicación

La aplicación móvil OpeCombi tiene un funcionamiento sencillo para ser manipulado por el estudiante, consta de una pantalla principal en donde se presenta el objetivo de la misma y la definición de operaciones combinadas, como también el botón de menú. El menú consta de cuatro opciones que son:

- Jerarquía, en donde se explica paso a paso la jerarquía a seguir para resolver operaciones combinadas.

- Ejemplos, en donde se muestran ejercicios de operaciones combinadas con y sin signos de agrupación y con potencias ya resueltos, con sus respectivas explicaciones para que puedan ser analizadas por el estudiante.

- Ejercicios, este se sub divide en tres categorías que son sin símbolos de agrupación, con símbolos de agrupación y con potencias, los ejercicios tienen cuatro respuestas para que el estudiante pueda seleccionar la que considere correcta.

- Problemas, contiene problemas relacionados a la vida cotidiana con cuatro opciones de respuesta, esto para que el estudiante pueda analizar y resolver usando el método de Pólya.

7. Análisis y discusión

En este apartado se presentan los principales resultados obtenidos antes, durante y después de la aplicación de la propuesta didáctica, esto mediante el test de entrada, la observación y el test de salida.

7.1. Test de entrada

Reconocimiento de la ley de los signos para la multiplicación

Tan solo el 48% de los estudiantes reconoce la ley de los signos para la multiplicación, lo que representa una problemática ya que el manejo de esta ley es fundamental en todas las temáticas de matemática en secundaria. "Los estudiantes a menudo luchan para comprender cómo los signos negativos afectan el resultado de la multiplicación. Necesitan desarrollar una comprensión sólida de los conceptos subyacentes, como el producto de dos números negativos es positivo, mientras que el producto de un número positivo y un número negativo es negativo." (Anderson, 2018).

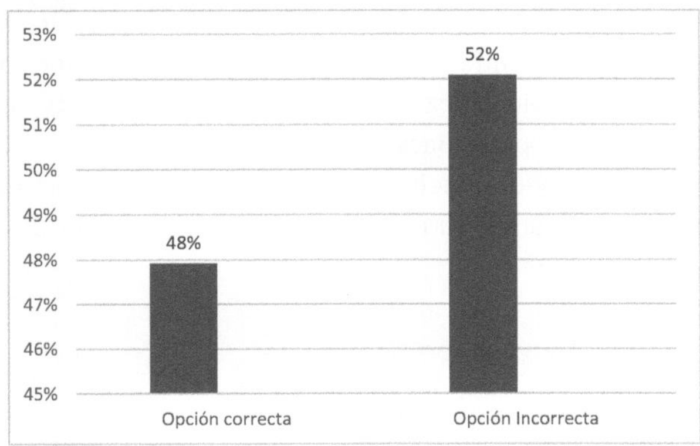

Reconocimiento de la ley de los signos para la división

Un 62% de los estudiantes de 7° grado no tienen dominio de la ley de los signos para la división, esto va muy ligado a la dificultad que tiene para recordar la ley de los signos para la multiplicación lo que va en la misma problemática de representar un obstáculo en la adquisición de aprendizajes futuros en matemática.

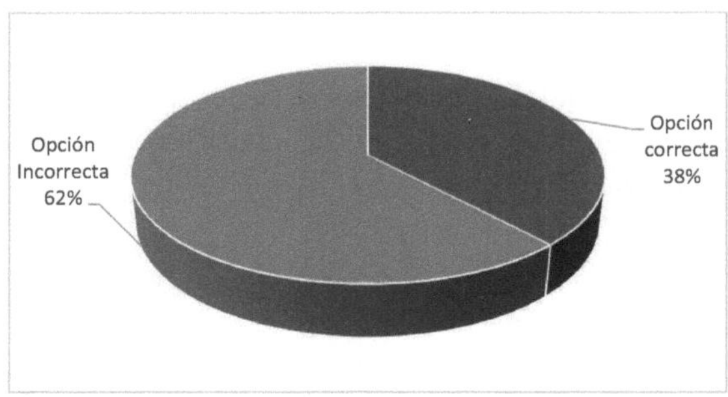

Ley de los signos para la suma y resta de números positivos y negativos.

"Uno de los errores más comunes en la multiplicación de signos es la confusión entre las reglas para la multiplicación y la suma. Los estudiantes tienden a aplicar las mismas reglas para los signos en ambas operaciones, lo que conduce a respuestas incorrectas." (Johnson, 2012)

Evidentemente un porcentaje muy alto de estudiantes (69%) no logra tener claro la ley de los signos para la suma y resta de números enteros, lo que es muy preocupante y representa una dificultad en cuanto al desarrollo de las competencias de los estudiantes. Al contrastar los resultados de estos tres incisos, no brinda una referencia de la problemática existente, por lo que para adquirir conocimiento acerca del contenido operaciones combinas tendremos que realizar un repaso de estos aprendizajes previos o incluir en la estrategia un apartado para consolidar los conocimientos necesarios para abordar operaciones combinadas.

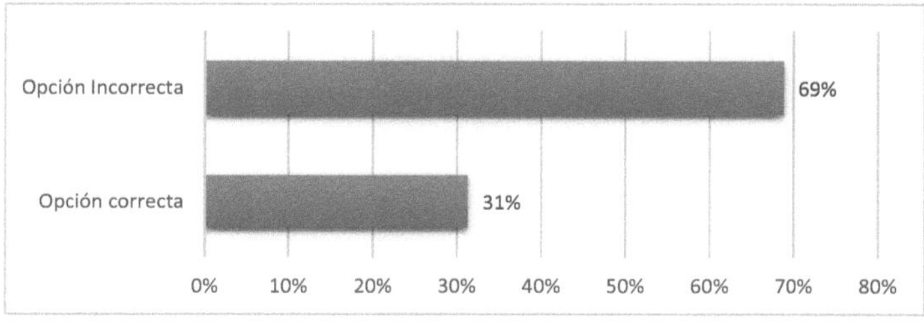

Realización de operaciones básicas con números enteros.

> ➤ En el caso de multiplicación de un numero negativo por un positivo el 81% de los estudiantes pudo resolver correctamente el ejercicio propuesto en donde ponen en práctica la ley de los signos para la multiplicación.

➢ División con números enteros (-42 ÷ -7) En este caso solo el 40% logro resolver correctamente la operación, ya que algunos a pesar de lograr hacer correctamente la división, se equivocaron al aplicar la ley de los signos para la división.

➢ Suma y resta con números enteros: (-2 -5) En este caso, el 94% de los estudiantes dio una respuesta errónea, por lo que solo el 6% dio la respuesta correcta, un alto porcentaje de estudiante (62%) realizo la operación de resta, pero conservo el mismo signo. Otra operación (4 – 9) En esta última operación un 38 % de los estudiantes acertó en la respuesta correcta, el error más común (42%) fue restar los números y signarle a la respuesta el resultado del menor.

La falta de práctica y la falta de ejemplos concretos son factores que contribuyen a los problemas de los estudiantes en la multiplicación de signos. Necesitan oportunidades para aplicar las reglas en situaciones de la vida real y recibir retroalimentación para corregir sus errores." (Brown, 2015). A como se puede ver en el análisis los estudiantes no solo tienen problemas en la ley de signos para la multiplicación, sino también para la división, la suma y la resta, lo que por ende repercute en la aplicación de estos conocimientos en la solución de ejercicios.

Identificar los símbolos de agrupación en matemática.

En este caso solo el 8% de los estudiantes reconoce los signos de agrupación usados para agrupar números en matemática, lo que representa un 91 % de estudiantes que no identifica todos los signos de agrupación, a pesar que ya vieron esta temática. 6. Identificar los números enteros Un 10% de estudiantes identifica correctamente los números enteros positivos y negativos.

7.2. Observación

Los estudiantes de séptimo grado mostraron interés durante la implementación de la propuesta, capto su atención el hecho de utilizar las tablet como recurso para apoyarse para analizar los conceptos y ejemplos de operaciones combinadas, como también el hecho de poder verificar las soluciones de los ejercicios propuesto mediante selección múltiple de la repuesta correcta y mostraron interés por compartir sus resultados con sus compañeros mediante el uso de la pizarra, sin embargo, es pertinente señalar las principales dificultades al implementar la propuesta, entre ellas está la asistencia irregular de los estudiantes ya que no tienen interés por asistir a las clases de matemática, de igual forma hay estudiantes que llegan a la clase y no portaban lápiz, ni cuaderno, por lo que en algunos casos tuvo que proporcionárseles los materiales y en casos más extremos estudiantes no hacían absolutamente nada.

7.3. Test de salida

Este instrumento fue aplicado una vez implementada la propuesta didáctica con los estudiantes de séptimo grado, con el propósito de medir el porcentaje de apropiación de los conocimientos en cuanto al contenido abordado.

Reconoce el concepto de operaciones combinadas

El 79% de los estudiantes selecciono la respuesta correcta, lo que indica que poseen el conocimiento conceptual para abordar la parte procedimental, por otra parte, el 19% selecciono una opción incorrecta y el 2% no selecciono ninguna respuesta, ya que según López (2009) la idea esencial de promover un aprendizaje significativo es tener en cuenta los conocimientos factuales y conceptuales. Por lo que lo teórico es lo básico para pasar a la práctica.

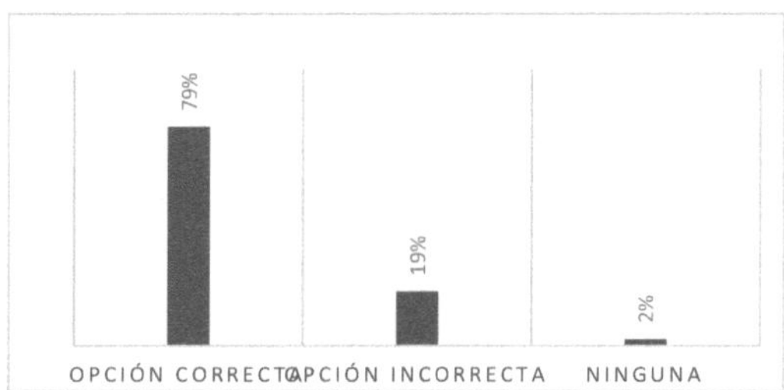

Orden de resolver las operaciones cuando hay los tres símbolos de agrupación.

A como es observable en la gráfica el 87% de los estudiantes identifican la jerarquía para operar en los tres símbolos de agrupación ( ), [ ], { }, mientras que el 13% aun no logra apropiarse de esta parte teórica esencial para la práctica. Colén y Castro (2017) En términos generales, el aprendizaje se organiza en etapas consecutivas, donde primero se aprenden los conocimientos disciplinares, y luego, se aprende a aplicarlos.

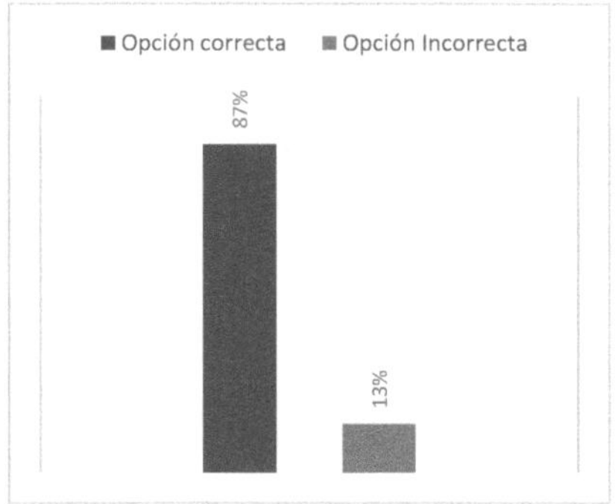

Orden correcto para resolver operaciones combinadas

En el caso de la jerarquía de realizar las operaciones el 57% de estudiantes no logra memorizar la jerarquía de las operaciones, lo que va dificultar el proceso necesario para solucionar ejercicios de este tipo, quizás les parce muy tedioso o innecesario memorizar esta jerarquía.

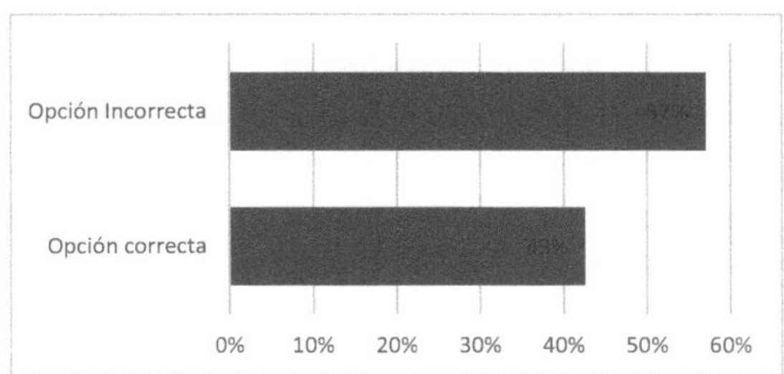

Al realizar la siguiente operación $3 \times 2 + 4 - 8 \times 5 + 7$ se obtiene como resultado:

Un alto porcentaje de estudiantes (53%) realizo las operaciones sin tomar en cuenta la jerarquía, sino que sencillamente opero de izquierda a derecha, mientras que solo el 19% de estudiantes lo resolvió correctamente, algo que también podemos concluir es que cuando hay más de dos operaciones combinadas los estudiantes tienden a confundirse y a no emplear correctamente la jerarquía, lo que también es incidente es el hecho de que el 57 % de estudiante no maneja dicha jerarquía para solucionar estos ejercicios.

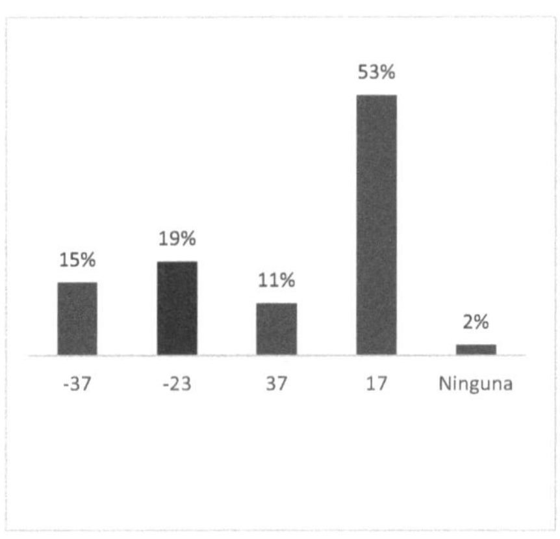

Lea, interprete y resuelve el siguiente problema: La farmacia Saba tenía 420 frascos de alcohol en gel, el día lunes vendió 56, el día martes 318 ¿Cuántos frascos de alcohol en gel tiene ahora si llego un pedido de 802 frascos más?

De acuerdo con Pólya (1979), un problema implica buscar una acción apropiada para lograr un objetivo establecido, pero que el alcanzarlo no se da de manera inmediata. Esto es evidente que 68% logro obtener la solución del problema planteado, lo que es bastante satisfactorio, ya que lograron analizar y realizar la operación correspondiente hasta llegar a la solución, sin embargo, no realizar el planteamiento del problema en forma de operación combinada.

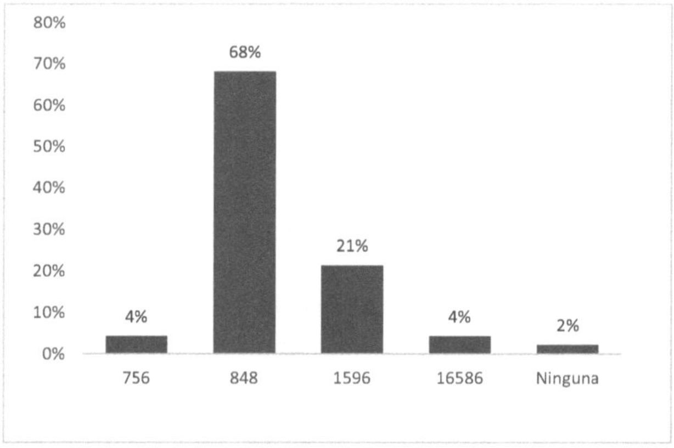

7.4. Contraste del resultado de los test de entrada y de salida.

En cuanto al reconocimiento de signos de agrupación se pudo observar un avance significativo respecto al antes y después de la aplicación de la propuesta. A como se puede ver en el gráfico, antes de la aplicación de la propuesta solo el 9% de los estudiantes reconocieron los signos de agrupación, mientras que después de la aplicación de la propuesta el 87% de los estudiantes logro reconocer los signos de agrupación.

Por lo que, es evidente la apropiación de los conocimientos conceptuales o teóricos que tuvieron los estudiantes mediante la aplicación de la propuesta al involucrar las herramientas TIC como recurso didáctico.

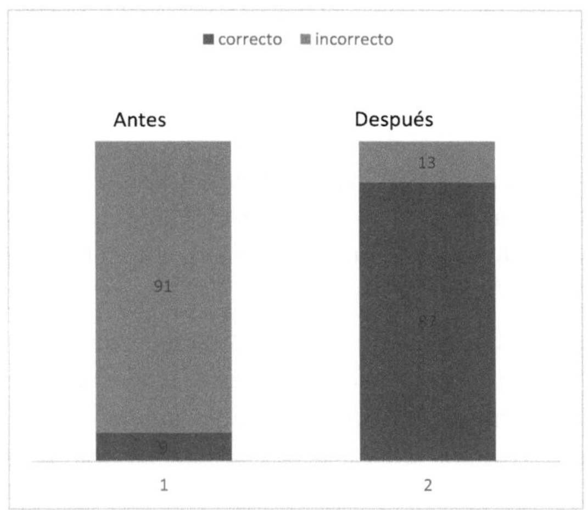

8. Conclusiones

> De acuerdo al análisis del instrumento aplicado para identificar las dificultades de aprendizaje de los estudiantes, se pudo verificar que presentan serios problemas en cuanto a los aprendizajes previos necesarios para adquirir las competencias que requieren el contenido de operaciones combinadas, ya que hay poco dominio de la ley de los signos tanto para la multiplicación, como para la división y también para la suma y resta, esto se pudo evidenciar en el bajo porcentaje de estudiantes que pudieron resolver los ejercicios planteados de acuerdo a lo antes mencionado. Esto genera una necesidad de aprendizaje proporcionando una oportunidad para

estructurar una propuesta didáctica que brinde una respuesta para solución a dicha necesidad educativa.

➢ Se realizo revisión teórica de todo relacionado al tema de investigación para estructurar la propuesta didáctica, tales como el enfoque de la educación en nicaragua, la metodología de resolución de problemas, las TIC en la educación y por supuesto el entorno en el que se desarrollaría la aplicación a usar durante la aplicación de la propuesta didáctica.

➢ Los resultados del test de entrada aplicado permitieron dar la pauta para estructurar la propuesta didáctica, puesto que, para dar respuesta a una problemática primero hay identificar cual es el problema, sumado a esto también fue de mucha utilidad la información teórica recolectada, para tomar como referencia los trabajos realizado por otros autores y generar una nueva propuesta.

➢ Se realizó la implementación de la propuesta didáctica con los estudiantes de séptimo grado en el instituto Ramon Matus Acevedo, la que consistió en seis sesiones de clases utilizando la aplicación móvil OpeCombi, en donde los estudiantes se mostraron motivados e interesados al hacer uso de la aplicación mediante las tablets.

➢ Después de haber evaluado la aplicación de la propuesta, tenemos dentro de los principales resultados en el aprendizaje de los estudiantes que hay un alto dominio del concepto del contenido abordado en esta propuesta, otro aspecto importante es la apropiación de la jerarquía de las operaciones combinadas, es decir que el 57% de los estudiantes alcanzaron el aprendizaje conceptual, en la parte procedimental un 68% de los estudiantes es capaz de resolver problemas y tan solo un 19% es capaz de aplicar la jerarquía de las operaciones combinadas. Haciendo un contraste con todo esto, se concluye que el uso de las herramientas digitales permite generar aprendizaje en los estudiantes, sin embargo, es necesario no olvidar hacer énfasis en la parte práctica, puesto que, de esto depende el aprendizaje procedimental y que el docente juega un papel fundamental como mediador del aprendizaje por lo que la tecnología no educa por si sola sin la presencia del docente.

9. Bibliografía y Webgrafía

➢ Basurto, J. L. (2022). Flipped Classroom en el aprendizaje de las operaciones combinadas de números enteros en 1° de educación secundaria obligatoria. *Ciencia Latina Revista Científica Multidisciplinar*, 4117-4125.

➢ Byron Horacio González Calle, Johnn Danilo Urgiles Gutama, Jaime Iván Ullauri. (2020). *Aprendizaje Colaborativo: Desarrollo de destrezas para la resolución de Operaciones Combinadas en estudiantes del quinto año de educación general basica.* Azogues, Ecuador.

➢ Calvo, J. (25 de 11 de 2019). *Interempresas*. Obtenido de Interempresas: https://www.interempresas.net/Tecnologia-aulas/Articulos/259904-Tecnologia-en-el-aula-es-realmente-beneficiosa-para-los-ninos.html

➢ Chachai, M. (2019). *Importancia de la implementación de las TIC en las instituciones educativas en la enseñanza de las matemáticas.* Lima, Peru: Universidad Nacional Mayor de San Marcos.

➢ Flor Idalia Lanuza Gámez, Flor Idalia Lanuza Gámez, Luis Enrique Saavedra Torres. (2018). Uso y aplicación de las TIC en el proceso de enseñanza-aprendizaje. *Revista Científica de FAREM-Estelí. *, 16-30.

➢ Francys Massiel Flores Díaz, Yorling Xiomara Lazo Calderón, Mercedes Elieth Palacios Díaz. (2015). *Uso de las TIC en el proceso de enseñanza-aprendizaje de lasCiencias Naturales en el sexto grado de la escuela José BenitoEscobar del municipio de Estelí.* Esteli - Nicaragua.

➢ Garcia, A. E. (2018). ESTILOS DE APRENDIZAJE Y RENDIMIENTO ACADÉMICO · 218 · BOLETÍN VIRTUAL-JULIO-VOL 7-7 ISNN 2266-1536 RECESTILOS DE APRENDIZAJE Y RENDIMIENTO ACADÉMICO. *Revista Boletín Redipe*, 218-228.

➢ Hernandez Sampiere, Roberto Fernandez, Carlos Baptista, Maria del pilar. (2010). *Metodología de la investigación.*

➢ JICA. (2019). *Proyecto para el Aprendizaje Amigable de.* Managua.

➢ Milagros Vega-Colque, Víctor Cornejo-Aparicio, Norka Bedregal-Alpaca, Karim Guevara. (2022). Desarrollo de un Software Educativo

Matemático para facilitar el aprendizaje de operaciones combinadas. *Revista Ibérica de Sistemas e Tecnologias de Informação*, 197-210.

➤ MINED. (2009). *CURRÍCULO NACIONAL BÁSICO.* Managua.

➤ ROSALES, J. (2017). *ESTRATEGIAS DIDÁCTICAS.* Mexico.

➤ Salillas, D. G. (2018). *El uso de las TIC en la enseñanza de las matemáticas en educacion primaria: aplicación a las fracciones .* Castilla y León, España.

➤ Tamayo, M. T. (2001). *El proceso de la investigación científica.* Editorial Limusa.

➤ UNESCO. (2014). *Enfoques estrategicos sobre las TIC en educación en américa latina y el caribe.* Chile: Acción Digital.

10.Anexos

10.1. Sesiones y planes de clase

Unidad 2: Números positivos y negativos					
Sección 4: Operaciones combinadas					
Fecha:					
Grado: Séptimo			**Sección:**		
Indicador de logro	**Sesión**	**Contenido**	**Actividades**	**Instrumento de evaluación**	**Tiempo**
Analiza la jerarquía de operaciones combinadas, aplicadas en la resolución de ejercicios.	N° 1	Jerarquía para la resolución de ejercicios de Operaciones Combinadas	●Asistencia (2 min)	Lista de cotejo	45 min
			●Mostrar la aplicación **Ope Combi** y explicar su funcionamiento (2 min)		
			●Mostrar y analizar la jerarquía de operaciones desde la aplicación (6 min)		
			●Resolución de ejercicios por parte del docente propuestos en la aplicación "Ejemplos": 1, 2, 5. (20 min)		
			●Asignación de los "ejemplos": 3, 4, 6. (10 min)		
			●Concluir con el propósito de desarrollo del contenido (5 min)		

Nombre del estudiante:		
Aspectos a evaluar	**Puntaje propuesto**	**Puntaje del estudiante**
Comprende la jerarquía de operaciones	1 pt.	
Aplican Correctamente la jerarquía en la resolución de ejercicios	1 pt.	
Utiliza adecuadamente la aplicación	1 pt.	
Resuelve correctamente los ejercicios propuestos	1 pt.	
Participa oralmente en las conclusiones de la clase	1 pt.	
Total	**5 pts.**	
Observaciones		

Unidad 2: Números Positivos y negativos					
Sección 4: Operaciones Combinadas					
Fecha:					
Grado: Séptimo			Sección:		
Indicador de logro	Sesión	Contenido	Actividades	Instrumento de evaluación	Tiempo
Emplea la aplicación **Ope Combi** para verificar la solución de ejercicios sin signos de agrupación	N° 2	Operaciones Combinadas sin signos de agrupación	●Asistencia (2 min) Realimentación del contenido anterior, participación activa (3 min) ●Explicación de ejercicios de la app "Ejercicios, sin símbolos de agrupación": 1, 2, 3. (15 min) ●Hacer el juego de la ruleta para que los estudiantes elijan un ejercicio y lo resuelvan, "Ejercicios, sin símbolos de agrupación": 4, 5, 6, 7, 8, 9, 10, 11. (20 min) ●Comprobar que los estudiantes tengan anotado y resueltos los ejercicios en el cuaderno y comprobar respuestas mediante la aplicación. (5 min)	Lista de cotejo	45 min

Nombre del estudiante:		
Aspectos a evaluar	**Puntaje propuesto**	**Puntaje del estudiante**
Utiliza la aplicación correctamente	1 pt.	
Aplican Correctamente la jerarquía de operaciones	1 pt.	
Resuelve correctamente los ejercicios propuestos en la app	1 pt.	
Muestra disciplina en la clase	1 pt.	
Tienen todas las anotaciones en su cuaderno	1 pt.	
Total	**5 pts.**	
Observaciones		

Unidad 2: Números positivos y negativos					
Sección 4: Operaciones Combinadas					
Fecha:					
Grado: Séptimo			**Sección:**		
Indicador de logro	**Sesión**	**Contenido**	**Actividades**	**Instrumento de evaluación**	**Tiempo**
Emplea la aplicación **Ope Combi** para verificar la solución de ejercicios con signos de agrupación	N° 3	Operaciones Combinadas con signos de agrupación	●Asistencia (2 min) ●Recordar el tema anterior para introducir el contenido actual (2 min) ●Resolución de ejercicios (docente) propuestos en la aplicación "Ejercicios, con símbolos de agrupación": 2, 6, 7. (15 min) ●Formar parejas para resolver: "Ejercicios, con símbolos de agrupación": 1, 3, 4 y comprobar con la app. (20 min) ●Hacer conclusiones planteando la diferencia de operaciones combinadas con y sin signos de agrupación (6 min)	Lista de cotejo	45 min

Nombres de los estudiantes:		
Aspectos a evaluar	**Puntaje propuesto**	**Puntaje del estudiante**
Usa de apoyo **Ope Combi**	1 pts.	
Resuelven correctamente los ejercicios	1 pts.	
Mantienen el orden en el aula de clase	1 pts.	
Interpretan la diferencia entre operaciones combinadas con y sin signos de agrupación	1 pts.	
Total	**4 pts.**	
Observaciones		

Unidad 2: Números positivos y negativos					
Sección 4: Operaciones Combinadas					
Fecha:					
Grado: Séptimo			Sección:		
Indicador de logro	Sesión	Contenido	Actividades	Instrumento de evaluación	Tiempo
Emplea la aplicación **OpeCombi** para verificar la solución de ejercicios de operaciones combinadas con potencias.	N° 4	Operaciones Combinadas con potencias	•Asistencia (2 min) •Recordar que es una potencia, participación activa (2min) •Explicar como se resuelve una potencia (2 min) •Demostrar como resolver una ejercicio de operaciones combinadas con potencia "Ejercicios, con potencias" elegir ejercicio al azar (15 min) •Hacer un juego interactivo: El lápiz hablante y a quien le quede, va resolver un "Ejercicio, con potencias" los resultantes (20 min) •corregir y comprobar mediante la aplicación (4 min)	Lista de cotejo	45 min

Nombre del estudiante:		
Aspectos a evaluar	**Puntaje propuesto**	**Puntaje del estudiante**
Puede resolver correctamente una potencias	1 pt.	
Aplican Correctamente la jerarquía de operaciones	1 pt.	
Aplica correctamente la ley de los signos	1 pt.	
Investiga de manera personal el contenido	1 pt.	
Resuelve correctamente el ejercicio propuesto	1 pt.	
Total	**5 pts.**	
Observaciones		

Unidad 2: Números Positivos y negativos					
Sección 4: Operaciones Combinadas					
Fecha:					
Grado: Séptimo			**Sección:**		
Indicador de logro	**Sesión**	**Contenido**	**Actividades**	**Instrumento de evaluación**	**Tiempo**
Resuelve e interpreta problemas aplicados a la vida diaria con operaciones combinadas	N° 5	Operaciones Combinadas •Problemas aplicados a la vida cotidiana	•Asistencia (2 min)	Lista de cotejo	45 min
			•Explicar como se relaciona un problema a la vida cotidiana (3 min)		
			•Mostrar, problemas desde **Ope Combi** (3 min)		
			•Hacer énfasis en el método de Polya y recordar sus pasos. (6 min)		
•			•Interpretación y resolución de "problemas": 1, 2, 3 y Plantear el problema según el método de Polya. (26 min)		
			•Hacer conclusiones (5 min)		

Nombre del estudiante:		
Aspectos a evaluar	**Puntaje propuesto**	**Puntaje del estudiante**
Atiende a las explicaciones del docente	1 pt.	
Interpreta los casos planteados en los problemas de operaciones combinadas	1 pt.	
Realiza la conversión del lenguaje común al lenguaje matemático	1 pt.	
Resuelve las operaciones en el orden establecido	1 pt.	
Aplica correctamente el método de Polya	1 pt.	
Da solución al problema	1 pt.	
Total	**6 pts.**	
Observaciones		

Unidad 2: Números positivos y negativos					
Sección 4: Operaciones combinadas					
Fecha:					
Grado: Séptimo			Sección:		
Indicador de logro	Sesión	Contenido	Actividades	Instrumento de evaluación	Tiempo
Resuelve e interpreta problemas aplicados a la vida diaria y verifica su solución mediante la app **OpeCombi**.	N° 6	Operaciones Combinadas •Problemas aplicados a la vida cotidiana	•Asistencia (2 min)	Lista de cotejo	45 min
			•Recordar contenido anterior mediante plenario (3 min)		
			•Asignación de trabajo, "problemas": 4, 5, 6 y 10 de la aplicación para su resolución en cuaderno mediante método de Polya (20 min)		
			•Hacer la interpretación de los problemas compartiendo ideas (7 min)		
			•Verificar respuesta en la aplicación y Corregir problemas (6 min)		
			•Compartir la solución de los problemas en la pizarra (7 min)		

Nombre del estudiante:		
Aspectos a evaluar	**Puntaje propuesto**	**Puntaje del estudiante**
Interpreta los casos planteados en los problemas de operaciones combinadas	1 pt.	
Realiza la conversión del lenguaje común al lenguaje matemático	1 pt.	
Resuelve las operaciones en el orden establecido	1 pt.	
Domina los pasos del método de Polya.	1 pt.	
Participa y da solución al problema.	1 pt.	
Total	**5 pts.**	
Observaciones		

10.2. Entorno de la aplicación OpeCombi

Pantalla principal

Menú

Menú de ejercicios

Ejemplos

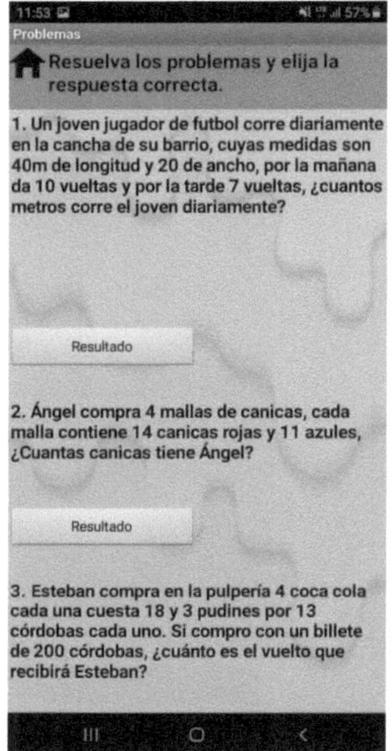

Problemas

10.3. Aplicación de la propuesta

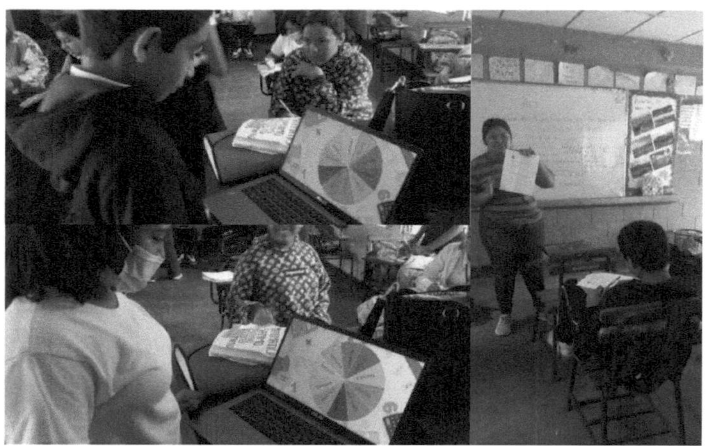

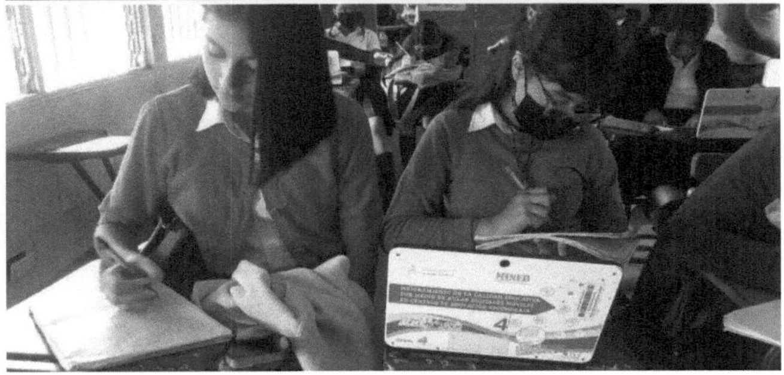